GW01608037

Dépôt légal : mai 1995
ISBN : 2 02 022060-1
N° 22060-1
Loi 49-956 du 16 juillet 1949
sur les publications destinées à la jeunesse
Photogravure M2B
Imprimé par Proost en Belgique

Dado & Ben Radis

Seuil Jeunesse

Sans le savoir, Arthur avait plein de copains. Des dizaines et des centaines de copains, et même plus encore.

Cependant, ce n'étaient pas des copains comme les autres. Ceux-ci aimaient tellement Arthur qu'ils ne le quittaient pas d'une semelle. Ils l'accompagnaient partout et pourtant, personne ne les voyait jamais. Ni son père, ni sa mère, ni ses autres copains, ni la maîtresse, ni le chat... et ni même Arthur. Et pour cause, ces copains bizarres habitaient tout simplement dans le corps d'Arthur... L'idée de s'installer dans un endroit aussi farfelu pourrait sembler étrange à plus d'un, mais pour une bande d'anticorps, cela paraissait le plus normal du monde : ils étaient les gardiens de la santé d'Arthur. Comme le petit garçon ne tombait presque jamais malade, les anticorps étaient en vacances pratiquement toute l'année.

Ils avaient construit un ravissant village tout en haut d'une colline surplombant un lac et la température était si douce qu'ils n'avaient jamais besoin de se couvrir. Ils passaient ainsi le plus clair de leur temps à se baigner, à se balader, bref, à s'amuser. Parfois ils faisaient de grandes fêtes et tous les anticorps se

réunissaient alors sur la place du village. La dernière avait eu lieu lors du mariage de Pik et Bou. Tout le monde avait chanté et dansé jusqu'à l'aube, puis chacun était rentré se coucher.

– Regarde, Bou, le jour se lève, dit Pik.

– C'est le plus beau des matins, répondit Bou. Si nous allions faire une balade ?

– Quelle bonne idée ! s'écria Pik.

Et il prit Bou par la main :

– Allez, viens, je t'emmène au-delà des collines.

Et ils partirent vers le soleil qui pointait déjà le bout de son nez.

Ils marchèrent longtemps, si longtemps qu'ils se retrouvèrent dans des endroits où ils n'avaient jamais mis les pieds.

– Regarde, Bou, comme ce coin est joli ! s'émerveilla Pik.

– On pourrait s'y reposer et pique-niquer, répondit Bou.

Et ils pique-niquèrent tranquillement au bord d'un ruisseau. Le déjeuner terminé, ils s'allongèrent pour regarder défiler les nuages dans le ciel et, bercés par le doux

glou-glou de l'eau, ils s'endormirent.
Quand ils se réveillèrent, le soleil déclinait. Bou s'affola un peu :
– Nous devrions rentrer, Pik. Les autres s'inquiètent sûrement.
– Tu as raison, Bou, partons tout de suite si nous voulons être de retour avant qu'il fasse noir...
Mais la nuit tomba plus vite que prévu et ils s'étaient tellement éloignés du village qu'ils avaient bien du mal à reconnaître leur chemin. Soudain, un petit bruit claqua sèchement derrière eux.
– Tu as entendu ? s'inquiéta Bou. Oh, j'ai peur !
– N'aie pas peur, je suis là. C'est sans doute une feuille qui est tombée, ou une branche, répondit Pik.
Mais ce n'était ni une feuille, ni une branche. Pik fit signe à Bou de ne pas faire de bruit et de se baisser. Ce qu'elle fit, en chuchotant peu rassurée :
– Que se passe-t-il ?

Au loin, une forme étrange se faufilait dans la pénombre.
– Regarde, dit Pik, on dirait un microbe. Bou était vraiment inquiète.
– Il faut faire quelque chose, dit-elle. Courons avertir les autres...
– Non. Nous irons au village après. Suivons-le pour savoir ce qu'il fait par ici... chuchota Pik.
Et sans faire de bruit, ils le suivirent. Quand il s'arrêta, Pik et Bou se cachèrent derrière un monticule. Ils le virent faire encore deux

pas en avant, s'arrêter à nouveau, et siffler. Ils entendirent le sifflement résonner dans les collines. Ils virent un gros buisson bouger au loin, une forme surgir, et une autre encore, puis une troisième. Les trois microbes s'approchèrent du premier et Pik tendit l'oreille pour entendre ce qu'il leur disait :

– C'est bon, tout est calme au village. Ces imbéciles d'anticorps ne se doutent de rien !

Le plus gros, celui qui avait l'air d'être le chef, répondit :

– Joli travail, Snif. Tu es un éclaireur hors-pair. Nous attaquerons cette nuit !

Pik comprit alors que les gros buissons dans la clairière n'étaient qu'une gigantesque

armée de microbes tapis dans l'ombre et qu'il leur fallait courir très vite au village pour prévenir les autres du danger.

– Viens vite, Bou, il n'y a pas de temps à perdre ! lui cria-t-il en lui prenant la main. À peine avaient-ils fait dix mètres que Bou se tordit le pied dans des racines et tomba. Un gros « aïe » résonna

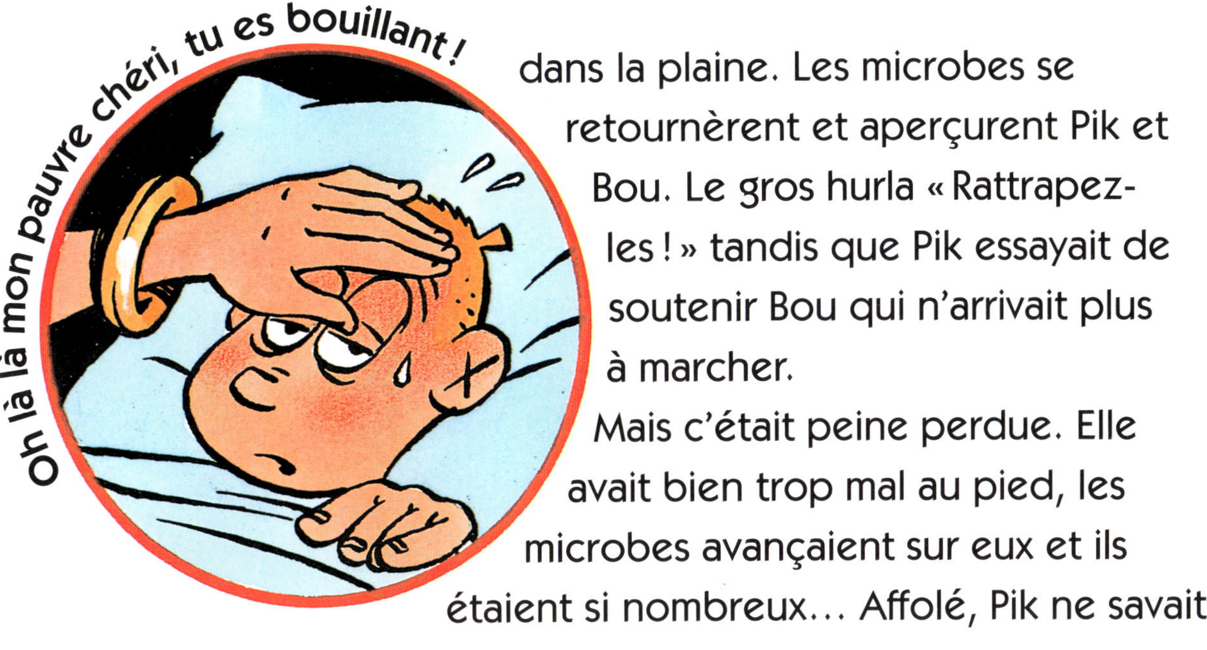

dans la plaine. Les microbes se retournèrent et aperçurent Pik et Bou. Le gros hurla « Rattrapez-les ! » tandis que Pik essayait de soutenir Bou qui n'arrivait plus à marcher.

Mais c'était peine perdue. Elle avait bien trop mal au pied, les microbes avançaient sur eux et ils étaient si nombreux… Affolé, Pik ne savait plus quoi faire mais Bou lui ordonna :

– Va au village. Tu pourras prévenir les autres.

– Non, Bou, répondit-il. Il est hors de question que je t'abandonne aux mains de ces crapules.

– Mais si, continua Bou, si tu n'y vas pas, ils nous feront prisonniers et ensuite ils attaqueront le village. Laisse-moi, pars vite !

Pik regarda les microbes qui n'étaient plus qu'à quelques mètres. Il lança un dernier regard à Bou, puis il fila en criant :

– Je vais chercher du renfort, nous revenons te libérer !

Quand il arriva au village, tous les anticorps dormaient depuis longtemps. Il monta au sommet du grand arbre sur lequel était

suspendu le gong et frappa trois coups de toutes ses forces pour réveiller tout le monde. Au signal, les anticorps se levèrent d'un bond et Pik leur expliqua :

– Les microbes de la grippe sont sur le pied de guerre. Ils ont fait Bou prisonnière et veulent attaquer cette nuit. Le temps presse, dépêchons-nous !

Les anticorps lancèrent le cri de guerre « KAYA-KAYA » puis se mirent aussitôt en route.

Quand ils arrivèrent dans la grande plaine, les microbes les attendaient de pied ferme, et quand Pik aperçut Bou attachée et gardée par deux mastodontes, ça l'énerva si fort qu'il hurla « À l'attaque ! ».

Et les anticorps attaquèrent. Mais les microbes n'étaient pas des poules mouillées et ils se défendaient si bien que Pik commençait à se demander s'ils en viendraient à bout.

Il vit le gros chef avancer sur eux en criant à son armée :

« Les anticorps sont des mauviettes ! Nous les aurons jusqu'au dernier. Suivez-moi, nous sommes les plus forts ! »

Pik se retourna pour encourager ses copains, mais un vent chaud se leva soudain et il sentit ses forces l'abandonner.

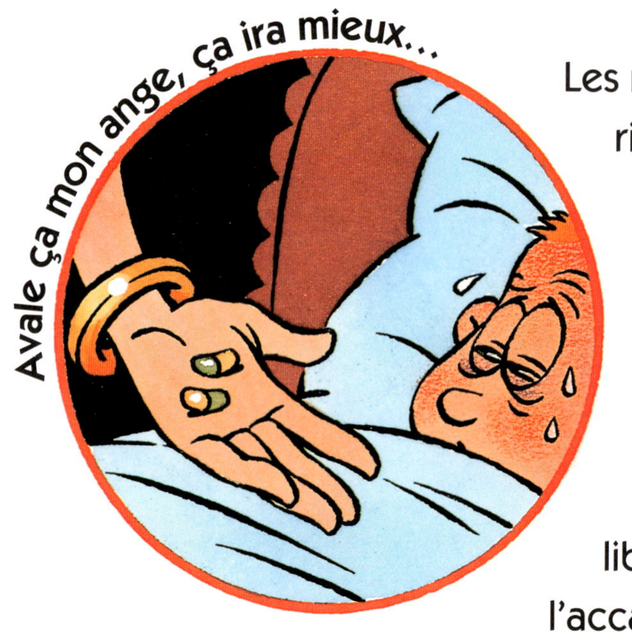

Les microbes gagnaient du terrain et ricanaient.

La température montait si vite que les anticorps, peu habitués à cette canicule, tombaient de leurs montures.

Pik s'écroula à son tour.

Il essaya de se relever pour aller libérer Bou, mais la chaleur l'accablait tellement qu'il retomba

lourdement à terre. Il était sur le point de tomber dans les pommes quand il entendit un bruit énorme venir d'en haut. Il releva la tête, ouvrit un œil : une gigantesque gélule descendait à fond la caisse.

Fou de joie, il s'écria : « Les renforts aériens, nous sommes sauvés ! » Les anticorps firent un gros effort pour se hisser jusqu'à la gélule et l'ouvrir afin d'en dégager le contenu. Leurs yeux fatigués s'illuminèrent à la vue des centaines de granules qu'elle

contenait. Une seconde gélule vint atterrir juste à côté de la première. Pick et les autres retrouvèrent un peu de force pour s'emparer des granules et bombarder les microbes qui n'en menaient pas large. Comme par enchantement, la température

baissa d'un coup et les anticorps retrouvèrent leur forme.

Les granules volaient dans tous les sens et à peine touchaient-ils un microbe que celui-ci fondait instantanément. Les microbes s'enfuyaient, affolés, et le chef hurlait : « Revenez. C'est un ordre ! »

Mais personne ne l'écoutait.

– Alors, gros lardon, tu croyais nous avoir ? lui lança Pik.

– Ce n'est que partie remise ! rétorqua le gros chef en brandissant son gourdin au-dessus de la tête. Et il s'éloigna. Sa voix résonna dans un écho :

– Nous reviendrons-drons. L'hiver ne fait que commencer-cer-cer... Mais Pik se fichait pas mal de ce qu'il racontait. Il venait de retrouver Bou, saine et sauve, et s'empressa de la détacher.

– Ça va, Bou, ils ne t'ont pas fait de mal ?

– Non, mais j'ai eu si peur, Pik. J'ai cru qu'on ne se reverrait jamais !

C'EST BIEN NOUS LES PLUS FORTS NOUS SOMMES LES ANTI-CORPS

SI UN MICROBE NOUS MORD NOUS LE METTRONS DEHORS !

Pik la prit dans ses bras et la consola :

– C'est fini maintenant. Allez viens, rentrons à la maison.

Et ils rejoignirent les autres qui chantaient déjà leur victoire sur le chemin du retour. Quand ils arrivèrent au village, il faisait presque

jour. Ils décidèrent de se réunir sur la place pour faire une fête comme ils n'en avaient jamais fait auparavant. Ils s'assirent par terre, en rond, et installèrent Pik et Bou au milieu du cercle. Pik ouvrit très grand la bouche pour entonner le chant de la victoire, mais il était tellement fatigué qu'il n'en sortit qu'un énorme bâillement. Bou se mit alors elle aussi à bâiller, tous les anticorps en firent de même et quand le soleil se leva, ce matin-là, il ne comprit pas bien pourquoi tout ce petit monde dormait paisiblement sur la place du village.